Livre de bord
du jardinage

Ce livre appartient à :

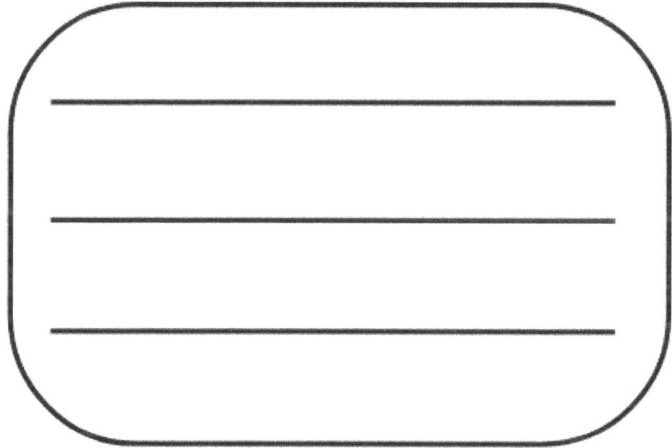

Le journal de jardinage est un moyen incroyable de suivre vos objectifs de jardinage pour les jardiniers débutants et expérimentés.

Livre de bord du jardinage

| Nom | | Localisation |
| Fournisseur | | Prix |

Classe scientifique

Végétaux	◯	Fruits
Herbe	◯	Fleur
Arbuste	◯	Arbre
Annuelle	◯	Biennale
Pérenne	◯	Semis

Dates

Germination

Plantée

Récolté

Niveau de lumière

Soleil

Soleil partiel

Ombre

Autre

A partir de

Semences

Plante

Classement

Taille	◯◯◯◯
Couleur	◯◯◯◯
Goûter	◯◯◯◯

Fertilisants
et équipements

Besoins en eau

0%
moins

Instructions
d'entretien

Instruction
de plantation

Notes
supplémentaires

Livre de bord du jardinage

Nom	Localisation
Fournisseur	Prix

Classe scientifique

Végétaux	○	Fruits
Herbe	○	Fleur
Arbuste	○	Arbre
Annuelle	○	Biennale
Pérenne	○	Semis

Dates

Germination

Plantée

Récolté

Niveau de lumière

Soleil

Soleil partiel

Ombre

Autre

A partir de

Semences

Plante

Classement

Taille	○○○○○
Couleur	○○○○○
Goûter	○○○○○

Fertilisants
et équipements

Besoins en eau

0%
moins

Instructions
d'entretien

Instruction
de plantation

Notes
supplémentaires

Livre de bord du jardinage

Nom	Localisation
Fournisseur	Prix

Classe scientifique

Végétaux	○	Fruits
Herbe	○	Fleur
Arbuste	○	Arbre
Annuelle	○	Biennale
Pérenne	○	Semis

Dates

Germination

Plantée

Récolté

Niveau de lumière

Soleil

Soleil partiel

Ombre

Autre

A partir de

Semences

Plante

Classement

Taille	○○○○○
Couleur	○○○○○
Goûter	○○○○○

Fertilisants et équipements

____

____

____

____

Besoins en eau

0%
moins [______________]

Instructions d'entretien

____

____

____

Instruction de plantation

____

____

____

Notes supplémentaires

____

____

____

____

____

____

Livre de bord du jardinage

Nom	Localisation

Fournisseur	Prix

Classe scientifique

Végétaux	○	Fruits
Herbe	○	Fleur
Arbuste	○	Arbre
Annuelle	○	Biennale
Pérenne	○	Semis

Dates

Germination

Plantée

Récolté

Niveau de lumière

Soleil

Soleil partiel

Ombre

Autre

A partir de

Semences

Plante

Classement

Taille	○○○○
Couleur	○○○○
Goûter	○○○○

Fertilisants
et équipements

Besoins en eau

0%
moins

Instructions
d'entretien

Instruction
de plantation

Notes
supplémentaires

Livre de bord du jardinage

Nom	Localisation

Fournisseur	Prix

Classe scientifique

Végétaux	○	Fruits
Herbe	○	Fleur
Arbuste	○	Arbre
Annuelle	○	Biennale
Pérenne	○	Semis

Dates

Germination

Plantée

Récolté

Niveau de lumière

Soleil

Soleil partiel

Ombre

Autre

A partir de

Semences

Plante

Classement

Taille	○○○○○
Couleur	○○○○○
Goûter	○○○○○

Fertilisants et équipements

Besoins en eau

0%
moins

Instructions d'entretien

Instruction de plantation

Notes supplémentaires

Livre de bord du jardinage

Nom	Localisation

Fournisseur	Prix

Classe scientifique

Végétaux	○	Fruits
Herbe	○	Fleur
Arbuste	○	Arbre
Annuelle	○	Biennale
Pérenne	○	Semis

Dates

Germination

Plantée

Récolté

Niveau de lumière

Soleil

Soleil partiel

Ombre

Autre

A partir de

Semences

Plante

Classement

Taille	○ ○ ○ ○ ○
Couleur	○ ○ ○ ○ ○
Goûter	○ ○ ○ ○ ○

Fertilisants
et équipements

Besoins en eau

0%
moins

Instructions
d'entretien

Instruction
de plantation

Notes
supplémentaires

Livre de bord du jardinage

Nom	Localisation

Fournisseur	Prix

Classe scientifique

Végétaux	○	Fruits
Herbe	○	Fleur
Arbuste	○	Arbre
Annuelle	○	Biennale
Pérenne	○	Semis

Dates

Germination

Plantée

Récolté

Niveau de lumière

Soleil

Soleil partiel

Ombre

Autre

A partir de

Semences

Plante

Classement

Taille	○○○○
Couleur	○○○○
Goûter	○○○○

Fertilisants et équipements

Besoins en eau

0%
moins

Instructions d'entretien

Instruction de plantation

Notes supplémentaires

Livre de bord du jardinage

| Nom | | Localisation | |

| Fournisseur | | Prix | |

Classe scientifique

Végétaux	○	Fruits
Herbe	○	Fleur
Arbuste	○	Arbre
Annuelle	○	Biennale
Pérenne	○	Semis

Dates

Germination

Plantée

Récolté

Niveau de lumière

Soleil

Soleil partiel

Ombre

Autre

A partir de

Semences

Plante

Classement

Taille	○○○○○
Couleur	○○○○○
Goûter	○○○○●

Fertilisants
et équipements

Besoins en eau

0%
moins

Instructions
d'entretien

Instruction
de plantation

Notes
supplémentaires

Livre de bord du jardinage

Nom	Localisation
Fournisseur	Prix

Classe scientifique

Végétaux	○	Fruits
Herbe	○	Fleur
Arbuste	○	Arbre
Annuelle	○	Biennale
Pérenne	○	Semis

Dates

Germination

Plantée

Récolté

Niveau de lumière

Soleil

Soleil partiel

Ombre

Autre

A partir de

Semences

Plante

Classement

Taille ○○○○○

Couleur ○○○○○

Goûter ○○○○○

Fertilisants
et équipements

Besoins en eau

0%
moins

Instructions
d'entretien

Instruction
de plantation

Notes
supplémentaires

Livre de bord du jardinage

| Nom | | Localisation |
| Fournisseur | | Prix |

Classe scientifique

Végétaux	○	Fruits
Herbe	○	Fleur
Arbuste	○	Arbre
Annuelle	○	Biennale
Pérenne	○	Semis

Dates

Germination

Plantée

Récolté

Niveau de lumière

Soleil

Soleil partiel

Ombre

Autre

A partir de

Semences

Plante

Classement

Taille	○○○○
Couleur	○○○○
Goûter	○○○○

Fertilisants
et équipements

Besoins en eau

0%
moins

Instructions
d'entretien

Instruction
de plantation

Notes
supplémentaires

Livre de bord du jardinage

| Nom | | Localisation |
| Fournisseur | | Prix |

Classe scientifique

Végétaux	○	Fruits
Herbe	○	Fleur
Arbuste	○	Arbre
Annuelle	○	Biennale
Pérenne	○	Semis

Dates

Germination

Plantée

Récolté

Niveau de lumière

Soleil

Soleil partiel

Ombre

Autre

A partir de

Semences

Plante

Classement

Taille	○○○○○
Couleur	○○○○○
Goûter	○○○○○

Fertilisants et équipements	Besoins en eau

0%
moins

Instructions d'entretien	Instruction de plantation

Notes supplémentaires

Livre de bord du jardinage

| Nom | | Localisation |
| Fournisseur | | Prix |

Classe scientifique

Végétaux	○	Fruits
Herbe	○	Fleur
Arbuste	○	Arbre
Annuelle	○	Biennale
Pérenne	○	Semis

Dates

Germination

Plantée

Récolté

Niveau de lumière

Soleil

Soleil partiel

Ombre

Autre

A partir de

Semences

Plante

Classement

Taille	○○○○○
Couleur	○○○○○
Goûter	○○○○○

Fertilisants et équipements

Besoins en eau

0%
moins

Instructions d'entretien

Instruction de plantation

Notes supplémentaires

Livre de bord du jardinage

Nom		Localisation	
Fournisseur		Prix	

Classe scientifique

Végétaux	○	Fruits
Herbe	○	Fleur
Arbuste	○	Arbre
Annuelle	○	Biennale
Pérenne	○	Semis

Dates

Germination

Plantée

Récolté

Niveau de lumière

Soleil

Soleil partiel

Ombre

Autre

A partir de

Semences

Plante

Classement

Taille	○○○○
Couleur	○○○○
Goûter	○○○○

Fertilisants
et équipements

Besoins en eau

0%
moins

Instructions
d'entretien

Instruction
de plantation

Notes
supplémentaires

Livre de bord du jardinage

Nom	Localisation

Fournisseur	Prix

Classe scientifique

Végétaux	○	Fruits
Herbe	○	Fleur
Arbuste	○	Arbre
Annuelle	○	Biennale
Pérenne	○	Semis

Dates

Germination

Plantée

Récolté

Niveau de lumière

Soleil

Soleil partiel

Ombre

Autre

A partir de

Semences

Plante

Classement

Taille	○○○○○
Couleur	○○○○○
Goûter	○○○○

Fertilisants
et équipements

Besoins en eau

0%
moins

Instructions
d'entretien

Instruction
de plantation

Notes
supplémentaires

Livre de bord du jardinage

Nom	Localisation
Fournisseur	Prix

Classe scientifique

Végétaux	○	Fruits
Herbe	○	Fleur
Arbuste	○	Arbre
Annuelle	○	Biennale
Pérenne	○	Semis

Dates

Germination

Plantée

Récolté

Niveau de lumière

Soleil

Soleil partiel

Ombre

Autre

A partir de

Semences

Plante

Classement

Taille	○○○○○
Couleur	○○○○○
Goûter	○○○○

Fertilisants
et équipements

Besoins en eau

0%
moins

Instructions
d'entretien

Instruction
de plantation

Notes
supplémentaires

Livre de bord du jardinage

Nom	Localisation

Fournisseur	Prix

Classe scientifique

Végétaux	○	Fruits
Herbe	○	Fleur
Arbuste	○	Arbre
Annuelle	○	Biennale
Pérenne	○	Semis

Dates

Germination

Plantée

Récolté

Niveau de lumière

Soleil

Soleil partiel

Ombre

Autre

A partir de

Semences

Plante

Classement

Taille	○○○○
Couleur	○○○○
Goûter	○○○○

Fertilisants
et équipements

Besoins en eau

0%
moins

Instructions
d'entretien

Instruction
de plantation

Notes
supplémentaires

Livre de bord du jardinage

Nom	Localisation

Fournisseur	Prix

Classe scientifique

Végétaux	○	Fruits
Herbe	○	Fleur
Arbuste	○	Arbre
Annuelle	○	Biennale
Pérenne	○	Semis

Dates

Germination

Plantée

Récolté

Niveau de lumière

Soleil

Soleil partiel

Ombre

Autre

A partir de

Semences

Plante

Classement

Taille	○○○○
Couleur	○○○○
Goûter	○○○○

Fertilisants
et équipements

Besoins en eau

0%
moins

Instructions
d'entretien

Instruction
de plantation

Notes
supplémentaires

Livre de bord du jardinage

Nom	Localisation

Fournisseur	Prix

Classe scientifique

Végétaux	○	Fruits
Herbe	○	Fleur
Arbuste	○	Arbre
Annuelle	○	Biennale
Pérenne	○	Semis

Dates

Germination

Plantée

Récolté

Niveau de lumière

Soleil

Soleil partiel

Ombre

Autre

A partir de

Semences

Plante

Classement

Taille	○○○○○
Couleur	○○○○○
Goûter	○○○○○

Fertilisants
et équipements

Besoins en eau

0%
moins

Instructions
d'entretien

Instruction
de plantation

Notes
supplémentaires

Livre de bord du jardinage

Nom		Localisation

Fournisseur		Prix

Classe scientifique

Végétaux	○	Fruits
Herbe	○	Fleur
Arbuste	○	Arbre
Annuelle	○	Biennale
Pérenne	○	Semis

Dates

Germination

Plantée

Récolté

Niveau de lumière

Soleil

Soleil partiel

Ombre

Autre

A partir de

Semences

Plante

Classement

Taille	○○○○
Couleur	○○○○
Goûter	○○○○

Fertilisants
et équipements

Besoins en eau

0%
moins

Instructions
d'entretien

Instruction
de plantation

Notes
supplémentaires

Livre de bord du jardinage

| Nom | Localisation |
| Fournisseur | Prix |

Classe scientifique

Végétaux	○	Fruits
Herbe	○	Fleur
Arbuste	○	Arbre
Annuelle	○	Biennale
Pérenne	○	Semis

Dates

Germination

Plantée

Récolté

Niveau de lumière

Soleil

Soleil partiel

Ombre

Autre

A partir de

Semences

Plante

Classement

Taille ○○○○○

Couleur ○○○○○

Goûter ○○○○○

Fertilisants
et équipements

Besoins en eau

0%
moins

Instructions
d'entretien

Instruction
de plantation

Notes
supplémentaires

Livre de bord du jardinage

Nom

Localisation

Fournisseur

Prix

Classe scientifique

Végétaux	○	Fruits
Herbe	○	Fleur
Arbuste	○	Arbre
Annuelle	○	Biennale
Pérenne	○	Semis

Dates

Germination

Plantée

Récolté

Niveau de lumière

Soleil

Soleil partiel

Ombre

Autre

A partir de

Semences

Plante

Classement

Taille   ○○○○○

Couleur   ○○○○○

Goûter   ○○○○○

Fertilisants
et équipements

Besoins en eau

0%
moins

Instructions
d'entretien

Instruction
de plantation

Notes
supplémentaires

Livre de bord du jardinage

Nom	Localisation

Fournisseur	Prix

Classe scientifique

Végétaux	○	Fruits
Herbe	○	Fleur
Arbuste	○	Arbre
Annuelle	○	Biennale
Pérenne	○	Semis

Dates

Germination

Plantée

Récolté

Niveau de lumière

Soleil

Soleil partiel

Ombre

Autre

A partir de

Semences

Plante

Classement

Taille	○○○○
Couleur	○○○○
Goûter	○○○○

Fertilisants et équipements

Besoins en eau

0%
moins

Instructions d'entretien

Instruction de plantation

Notes supplémentaires

Livre de bord du jardinage

Nom	Localisation

Fournisseur	Prix

Classe scientifique

Végétaux	○	Fruits
Herbe	○	Fleur
Arbuste	○	Arbre
Annuelle	○	Biennale
Pérenne	○	Semis

Dates

Germination

Plantée

Récolté

Niveau de lumière

Soleil

Soleil partiel

Ombre

Autre

A partir de

Semences

Plante

Classement

Taille	○○○○
Couleur	○○○○
Goûter	○○○○

Fertilisants
et équipements

Besoins en eau

0%
moins

Instructions
d'entretien

Instruction
de plantation

Notes
supplémentaires

Livre de bord du jardinage

Nom	Localisation
Fournisseur	Prix

Classe scientifique

Végétaux	○	Fruits
Herbe	○	Fleur
Arbuste	○	Arbre
Annuelle	○	Biennale
Pérenne	○	Semis

Dates

Germination

Plantée

Récolté

Niveau de lumière

Soleil

Soleil partiel

Ombre

Autre

A partir de

Semences

Plante

Classement

Taille	○○○○
Couleur	○○○○
Goûter	○○○○

Fertilisants
et équipements

Besoins en eau

0%
moins

Instructions
d'entretien

Instruction
de plantation

Notes
supplémentaires

Livre de bord du jardinage

Nom	Localisation

Fournisseur	Prix

Classe scientifique

Végétaux	○	Fruits
Herbe	○	Fleur
Arbuste	○	Arbre
Annuelle	○	Biennale
Pérenne	○	Semis

Dates

Germination

Plantée

Récolté

Niveau de lumière

Soleil

Soleil partiel

Ombre

Autre

A partir de

Semences

Plante

Classement

Taille	○○○○
Couleur	○○○○
Goûter	○○○○

Fertilisants
et équipements

Besoins en eau

0%
moins

Instructions
d'entretien

Instruction
de plantation

Notes
supplémentaires

Livre de bord du jardinage

Nom	Localisation

Fournisseur	Prix

Classe scientifique

Végétaux	○	Fruits
Herbe	○	Fleur
Arbuste	○	Arbre
Annuelle	○	Biennale
Pérenne	○	Semis

Dates

Germination

Plantée

Récolté

Niveau de lumière

Soleil

Soleil partiel

Ombre

Autre

A partir de

Semences

Plante

Classement

Taille	○○○○
Couleur	○○○○
Goûter	○○○○

Fertilisants
et équipements

Besoins en eau

0%
moins

Instructions
d'entretien

Instruction
de plantation

Notes
supplémentaires

Livre de bord du jardinage

Nom	Localisation

Fournisseur	Prix

Classe scientifique

Végétaux	○	Fruits
Herbe	○	Fleur
Arbuste	○	Arbre
Annuelle	○	Biennale
Pérenne	○	Semis

Dates

Germination

Plantée

Récolté

Niveau de lumière

Soleil

Soleil partiel

Ombre

Autre

A partir de

Semences

Plante

Classement

Taille	○○○○
Couleur	○○○○
Goûter	○○○○

Fertilisants
et équipements

Besoins en eau

0%
moins

Instructions
d'entretien

Instruction
de plantation

Notes
supplémentaires

Livre de bord du jardinage

Nom	Localisation
Fournisseur	Prix

Classe scientifique

Végétaux	○	Fruits
Herbe	○	Fleur
Arbuste	○	Arbre
Annuelle	○	Biennale
Pérenne	○	Semis

Dates

Germination

Plantée

Récolté

Niveau de lumière

Soleil

Soleil partiel

Ombre

Autre

A partir de

Semences

Plante

Classement

Taille	○○○○
Couleur	○○○○
Goûter	○○○○

Fertilisants et équipements

Besoins en eau

0%
moins

Instructions d'entretien

Instruction de plantation

Notes supplémentaires

Livre de bord du jardinage

Nom	Localisation

Fournisseur	Prix

Classe scientifique

Végétaux	○	Fruits
Herbe	○	Fleur
Arbuste	○	Arbre
Annuelle	○	Biennale
Pérenne	○	Semis

Dates

Germination

Plantée

Récolté

Niveau de lumière

Soleil

Soleil partiel

Ombre

Autre

A partir de

Semences

Plante

Classement

Taille	○○○○
Couleur	○○○○
Goûter	○○○○

Fertilisants
et équipements

Besoins en eau

0%
moins

Instructions
d'entretien

Instruction
de plantation

Notes
supplémentaires

Livre de bord du jardinage

Nom	Localisation

Fournisseur	Prix

Végétaux	○	Fruits
Herbe	○	Fleur
Arbuste	○	Arbre
Annuelle	○	Biennale
Pérenne	○	Semis

Germination

Plantée

Récolté

Soleil

Soleil partiel

Ombre

Autre

Semences

Plante

Taille ○○○○

Couleur ○○○○

Goûter ○○○○

Fertilisants
et équipements

Besoins en eau

0%
moins

Instructions
d'entretien

Instruction
de plantation

Notes
supplémentaires

Livre de bord du jardinage

Nom	Localisation

Fournisseur	Prix

Classe scientifique

Végétaux	○	Fruits
Herbe	○	Fleur
Arbuste	○	Arbre
Annuelle	○	Biennale
Pérenne	○	Semis

Dates

Germination

Plantée

Récolté

Niveau de lumière

Soleil

Soleil partiel

Ombre

Autre

A partir de

Semences

Plante

Classement

Taille	○○○○
Couleur	○○○○
Goûter	○○○○

Fertilisants et équipements

Besoins en eau

0%
moins

Instructions d'entretien

Instruction de plantation

Notes supplémentaires

Livre de bord du jardinage

Nom		Localisation
Fournisseur		Prix

Classe scientifique

Végétaux	○	Fruits
Herbe	○	Fleur
Arbuste	○	Arbre
Annuelle	○	Biennale
Pérenne	○	Semis

Dates

Germination

Plantée

Récolté

Niveau de lumière

Soleil

Soleil partiel

Ombre

Autre

A partir de

Semences

Plante

Classement

Taille	○○○○
Couleur	○○○○
Goûter	○○○○

Fertilisants
et équipements

Besoins en eau

0%
moins

Instructions
d'entretien

Instruction
de plantation

Notes
supplémentaires

Livre de bord du jardinage

Nom

Localisation

Fournisseur

Prix

Classe scientifique

Végétaux	○	Fruits
Herbe	○	Fleur
Arbuste	○	Arbre
Annuelle	○	Biennale
Pérenne	○	Semis

Dates

Germination

Plantée

Récolté

Niveau de lumière

Soleil

Soleil partiel

Ombre

Autre

A partir de

Semences

Plante

Classement

Taille	○○○○
Couleur	○○○○
Goûter	○○○○

Fertilisants
et équipements

Besoins en eau

0%
moins

Instructions
d'entretien

Instruction
de plantation

Notes
supplémentaires

Livre de bord du jardinage

| Nom | Localisation |

| Fournisseur | Prix |

Classe scientifique

Végétaux	○	Fruits
Herbe	○	Fleur
Arbuste	○	Arbre
Annuelle	○	Biennale
Pérenne	○	Semis

Dates

Germination

Plantée

Récolté

Niveau de lumière

Soleil

Soleil partiel

Ombre

Autre

A partir de

Semences

Plante

Classement

Taille	○○○○
Couleur	○○○○
Goûter	○○○○

Fertilisants
et équipements

Besoins en eau

0%
moins

Instructions
d'entretien

Instruction
de plantation

Notes
supplémentaires

Livre de bord du jardinage

Classe scientifique

Végétaux	○	Fruits
Herbe	○	Fleur
Arbuste	○	Arbre
Annuelle	○	Biennale
Pérenne	○	Semis

Dates

Germination

Plantée

Récolté

Niveau de lumière

Soleil

Soleil partiel

Ombre

Autre

A partir de

Semences

Plante

Classement

Taille ○○○○

Couleur ○○○○

Goûter ○○○○

Fertilisants et équipements

Besoins en eau

0%
moins

Instructions d'entretien

Instruction de plantation

Notes supplémentaires

Livre de bord du jardinage

Nom	Localisation

Fournisseur	Prix

Classe scientifique

Végétaux	○	Fruits
Herbe	○	Fleur
Arbuste	○	Arbre
Annuelle	○	Biennale
Pérenne	○	Semis

Dates

Germination

Plantée

Récolté

Niveau de lumière

Soleil

Soleil partiel

Ombre

Autre

A partir de

Semences

Plante

Classement

Taille	○○○○
Couleur	○○○○
Goûter	○○○○

Fertilisants
et équipements

Besoins en eau

0%
moins

Instructions
d'entretien

Instruction
de plantation

Notes
supplémentaires

Livre de bord du jardinage

Nom	Localisation

Fournisseur	Prix

Classe scientifique

Végétaux	○	Fruits
Herbe	○	Fleur
Arbuste	○	Arbre
Annuelle	○	Biennale
Pérenne	○	Semis

Dates

Germination

Plantée

Récolté

Niveau de lumière

Soleil

Soleil partiel

Ombre

Autre

A partir de

Semences

Plante

Classement

Taille	○○○○
Couleur	○○○○
Goûter	○○○○

Fertilisants et équipements

Besoins en eau

0%
moins

Instructions d'entretien

Instruction de plantation

Notes supplémentaires

Livre de bord du jardinage

Nom		Localisation
Fournisseur		Prix

Classe scientifique

Végétaux	○	Fruits
Herbe	○	Fleur
Arbuste	○	Arbre
Annuelle	○	Biennale
Pérenne	○	Semis

Dates

Germination

Plantée

Récolté

Niveau de lumière

Soleil

Soleil partiel

Ombre

Autre

A partir de

Semences

Plante

Classement

Taille	○○○○
Couleur	○○○○
Goûter	○○○○

Fertilisants
et équipements

Besoins en eau

0%
moins

Instructions
d'entretien

Instruction
de plantation

Notes
supplémentaires

Livre de bord du jardinage

Nom		Localisation
Fournisseur		Prix

Classe scientifique

Végétaux	○	Fruits
Herbe	○	Fleur
Arbuste	○	Arbre
Annuelle	○	Biennale
Pérenne	○	Semis

Dates

Germination

Plantée

Récolté

Niveau de lumière

Soleil

Soleil partiel

Ombre

Autre

A partir de

Semences

Plante

Classement

Taille	○○○○
Couleur	○○○○
Goûter	○○○○

Fertilisants
et équipements

Besoins en eau

0%
moins

Instructions
d'entretien

Instruction
de plantation

Notes
supplémentaires

Livre de bord du jardinage

Nom	Localisation

Fournisseur	Prix

Classe scientifique

Végétaux	○	Fruits
Herbe	○	Fleur
Arbuste	○	Arbre
Annuelle	○	Biennale
Pérenne	○	Semis

Dates

Germination

Plantée

Récolté

Niveau de lumière

Soleil

Soleil partiel

Ombre

Autre

A partir de

Semences

Plante

Classement

Taille	○○○○
Couleur	○○○○
Goûter	○○○○

Fertilisants et équipements

Besoins en eau

0%
moins

Instructions d'entretien

Instruction de plantation

Notes supplémentaires

Livre de bord du jardinage

Nom	Localisation

Fournisseur	Prix

Classe scientifique

Végétaux	○	Fruits
Herbe	○	Fleur
Arbuste	○	Arbre
Annuelle	○	Biennale
Pérenne	○	Semis

Dates

Germination

Plantée

Récolté

Niveau de lumière

Soleil

Soleil partiel

Ombre

Autre

A partir de

Semences

Plante

Classement

Taille	○○○○
Couleur	○○○○
Goûter	○○○○

Fertilisants
et équipements

Besoins en eau

0%
moins

Instructions
d'entretien

Instruction
de plantation

Notes
supplémentaires

Livre de bord du jardinage

Nom		Localisation	
Fournisseur		Prix	

Classe scientifique

Végétaux	○	Fruits	
Herbe	○	Fleur	
Arbuste	○	Arbre	
Annuelle	○	Biennale	
Pérenne	○	Semis	

Dates

Germination

Plantée

Récolté

Niveau de lumière

Soleil

Soleil partiel

Ombre

Autre

A partir de

Semences

Plante

Classement

Taille	○○○○
Couleur	○○○○
Goûter	○○○○

Fertilisants
et équipements

Besoins en eau

0%
moins

Instructions
d'entretien

Instruction
de plantation

Notes
supplémentaires

Livre de bord du jardinage

Nom	Localisation

Fournisseur	Prix

Classe scientifique

Végétaux	○	Fruits
Herbe	○	Fleur
Arbuste	○	Arbre
Annuelle	○	Biennale
Pérenne	○	Semis

Dates

- Germination
- Plantée
- Récolté

Niveau de lumière

- Soleil
- Soleil partiel
- Ombre
- Autre

A partir de

- Semences
- Plante

Classement

Taille	○○○○
Couleur	○○○○
Goûter	○○○○

Fertilisants
et équipements

Besoins en eau

0%
moins

Instructions
d'entretien

Instruction
de plantation

Notes
supplémentaires

Livre de bord du jardinage

Nom	Localisation

Fournisseur	Prix

Classe scientifique

Végétaux	○	Fruits
Herbe	○	Fleur
Arbuste	○	Arbre
Annuelle	○	Biennale
Pérenne	○	Semis

Dates

Germination

Plantée

Récolté

Niveau de lumière

Soleil

Soleil partiel

Ombre

Autre

A partir de

Semences

Plante

Classement

Taille	○○○○
Couleur	○○○○
Goûter	○○○○

Fertilisants et équipements

Besoins en eau

0%
moins

Instructions d'entretien

Instruction de plantation

Notes supplémentaires

Livre de bord du jardinage

Nom	Localisation

Fournisseur	Prix

Classe scientifique

Végétaux	○	Fruits
Herbe	○	Fleur
Arbuste	○	Arbre
Annuelle	○	Biennale
Pérenne	○	Semis

Dates

Germination

Plantée

Récolté

Niveau de lumière

Soleil

Soleil partiel

Ombre

Autre

A partir de

Semences

Plante

Classement

Taille	○○○○
Couleur	○○○○
Goûter	○○○○

Fertilisants et équipements

Besoins en eau

0%
moins

Instructions d'entretien

Instruction de plantation

Notes supplémentaires

Livre de bord du jardinage

| Nom | | Localisation | |

| Fournisseur | | Prix | |

Végétaux	○	Fruits
Herbe	○	Fleur
Arbuste	○	Arbre
Annuelle	○	Biennale
Pérenne	○	Semis

Dates

Germination

Plantée

Récolté

Niveau de lumière

Soleil

Soleil partiel

Ombre

Autre

A partir de

Semences

Plante

Classement

Taille ○○○○

Couleur ○○○○

Goûter ○○○○

Fertilisants et équipements

Besoins en eau

0%
moins

Instructions d'entretien

Instruction de plantation

Notes supplémentaires

Livre de bord du jardinage

Nom	Localisation
Fournisseur	Prix

Classe scientifique

Végétaux	○	Fruits
Herbe	○	Fleur
Arbuste	○	Arbre
Annuelle	○	Biennale
Pérenne	○	Semis

Dates

Germination

Plantée

Récolté

Niveau de lumière

Soleil

Soleil partiel

Ombre

Autre

A partir de

Semences

Plante

Classement

Taille	○○○○
Couleur	○○○○
Goûter	○○○○

Fertilisants
et équipements

Besoins en eau

0%
moins

Instructions
d'entretien

Instruction
de plantation

Notes
supplémentaires

Livre de bord du jardinage

Nom	Localisation

Fournisseur	Prix

Classe scientifique

Végétaux	○	Fruits
Herbe	○	Fleur
Arbuste	○	Arbre
Annuelle	○	Biennale
Pérenne	○	Semis

Dates

Germination

Plantée

Récolté

Niveau de lumière

Soleil

Soleil partiel

Ombre

Autre

A partir de

Semences

Plante

Classement

Taille	○○○○
Couleur	○○○○
Goûter	○○○○

Fertilisants
et équipements

Besoins en eau

0%
moins

Instructions
d'entretien

Instruction
de plantation

Notes
supplémentaires

Livre de bord du jardinage

Nom		Localisation	

Fournisseur		Prix	

Classe scientifique

Végétaux	○	Fruits
Herbe	○	Fleur
Arbuste	○	Arbre
Annuelle	○	Biennale
Pérenne	○	Semis

Dates

Germination

Plantée

Récolté

Niveau de lumière

Soleil

Soleil partiel

Ombre

Autre

A partir de

Semences

Plante

Classement

Taille	○○○○
Couleur	○○○○
Goûter	○○○○

Fertilisants
et équipements

Besoins en eau

0%
moins

Instructions
d'entretien

Instruction
de plantation

Notes
supplémentaires

Livre de bord du jardinage

Nom	Localisation

Fournisseur	Prix

Classe scientifique

Végétaux	○	Fruits
Herbe	○	Fleur
Arbuste	○	Arbre
Annuelle	○	Biennale
Pérenne	○	Semis

Dates

Germination

Plantée

Récolté

Niveau de lumière

Soleil

Soleil partiel

Ombre

Autre

A partir de

Semences

Plante

Classement

Taille	○○○○
Couleur	○○○○
Goûter	○○○○

Fertilisants
et équipements

Besoins en eau

0%
moins

Instructions
d'entretien

Instruction
de plantation

Notes
supplémentaires

Livre de bord du jardinage

Nom	Localisation

Fournisseur	Prix

Classe scientifique

Végétaux	○	Fruits
Herbe	○	Fleur
Arbuste	○	Arbre
Annuelle	○	Biennale
Pérenne	○	Semis

Dates

Germination

Plantée

Récolté

Niveau de lumière

Soleil

Soleil partiel

Ombre

Autre

A partir de

Semences

Plante

Classement

Taille	○○○○
Couleur	○○○○
Goûter	○○○○

Fertilisants
et équipements

Besoins en eau

0%
moins

Instructions
d'entretien

Instruction
de plantation

Notes
supplémentaires

Livre de bord du jardinage

Nom	Localisation

Fournisseur	Prix

Classe scientifique

Végétaux	○	Fruits
Herbe	○	Fleur
Arbuste	○	Arbre
Annuelle	○	Biennale
Pérenne	○	Semis

Dates

Germination

Plantée

Récolté

Niveau de lumière

Soleil

Soleil partiel

Ombre

Autre

A partir de

Semences

Plante

Classement

Taille	○○○○○
Couleur	○○○○○
Goûter	○○○○○

Fertilisants et équipements	Besoins en eau

0%
moins

Instructions d'entretien	Instruction de plantation

Notes supplémentaires

Livre de bord du jardinage

Nom	Localisation

Fournisseur	Prix

Classe scientifique

Végétaux	○	Fruits
Herbe	○	Fleur
Arbuste	○	Arbre
Annuelle	○	Biennale
Pérenne	○	Semis

Dates

Germination

Plantée

Récolté

Niveau de lumière

Soleil

Soleil partiel

Ombre

Autre

A partir de

Semences

Plante

Classement

Taille	○○○○
Couleur	○○○○
Goûter	○○○○

Fertilisants et équipements

Besoins en eau

0%
moins

Instructions d'entretien

Instruction de plantation

Notes supplémentaires

Livre de bord du jardinage

Nom	Localisation
Fournisseur	Prix

Classe scientifique

Végétaux	○	Fruits
Herbe	○	Fleur
Arbuste	○	Arbre
Annuelle	○	Biennale
Pérenne	○	Semis

Dates

Germination

Plantée

Récolté

Niveau de lumière

Soleil

Soleil partiel

Ombre

Autre

A partir de

Semences

Plante

Classement

Taille	○○○○
Couleur	○○○○
Goûter	○○○○

Fertilisants
et équipements

Besoins en eau

0%
moins

Instructions
d'entretien

Instruction
de plantation

Notes
supplémentaires

Livre de bord du jardinage

| Nom | | Localisation | |

| Fournisseur | | Prix | |

Classe scientifique

Végétaux	○	Fruits
Herbe	○	Fleur
Arbuste	○	Arbre
Annuelle	○	Biennale
Pérenne	○	Semis

Dates

Germination

Plantée

Récolté

Niveau de lumière

Soleil

Soleil partiel

Ombre

Autre

A partir de

Semences

Plante

Classement

Taille	○○○○
Couleur	○○○○
Goûter	○○○○

Fertilisants
et équipements

Besoins en eau

0%
moins

Instructions
d'entretien

Instruction
de plantation

Notes
supplémentaires

Livre de bord du jardinage

Nom	Localisation

Fournisseur	Prix

Classe scientifique

Végétaux	○	Fruits
Herbe	○	Fleur
Arbuste	○	Arbre
Annuelle	○	Biennale
Pérenne	○	Semis

Dates

Germination

Plantée

Récolté

Niveau de lumière

Soleil

Soleil partiel

Ombre

Autre

A partir de

Semences

Plante

Classement

Taille	○○○○
Couleur	○○○○
Goûter	○○○○

| Fertilisants et équipements | Besoins en eau |

0%
moins

| Instructions d'entretien | Instruction de plantation |

Notes supplémentaires

Livre de bord du jardinage

| Nom | Localisation |

| Fournisseur | Prix |

Classe scientifique

Végétaux	○	Fruits
Herbe	○	Fleur
Arbuste	○	Arbre
Annuelle	○	Biennale
Pérenne	○	Semis

Dates

Germination

Plantée

Récolté

Niveau de lumière

Soleil

Soleil partiel

Ombre

Autre

A partir de

Semences

Plante

Classement

Taille	○○○○
Couleur	○○○○
Goûter	○○○○

Fertilisants
et équipements

Besoins en eau

0%
moins

Instructions
d'entretien

Instruction
de plantation

Notes
supplémentaires

Livre de bord du jardinage

Nom	Localisation
Fournisseur	Prix

Classe scientifique

Végétaux	○	Fruits
Herbe	○	Fleur
Arbuste	○	Arbre
Annuelle	○	Biennale
Pérenne	○	Semis

Dates

Germination

Plantée

Récolté

Niveau de lumière

Soleil

Soleil partiel

Ombre

Autre

A partir de

Semences

Plante

Classement

Taille ○○○○

Couleur ○○○○

Goûter ○○○○

Fertilisants
et équipements

Besoins en eau

0%
moins

Instructions
d'entretien

Instruction
de plantation

Notes
supplémentaires

Livre de bord du jardinage

Nom		Localisation	
Fournisseur		Prix	

Classe scientifique

Végétaux	○	Fruits
Herbe	○	Fleur
Arbuste	○	Arbre
Annuelle	○	Biennale
Pérenne	○	Semis

Dates

Germination

Plantée

Récolté

Niveau de lumière

Soleil

Soleil partiel

Ombre

Autre

A partir de

Semences

Plante

Classement

Taille	○○○○
Couleur	○○○○
Goûter	○○○○

Fertilisants
et équipements

Besoins en eau

0%
moins

Instructions
d'entretien

Instruction
de plantation

Notes
supplémentaires